BENDECIDO
PARA
BENDECIR

*Cómo Activar la Unción Divina
de Benefactor en tu Vida*

PATRICIA KING

BENDECIDO
PARA
BENDECIR

Bendecido para Bendecir

©Patricia King Enterprises 2019

Es traducción de la obra original en inglés:

Blessed to Bless

©Patricia King Enterprises 2019

Traducción: Carol Martínez

Publicado por:
Patricia King Enterprises

Distribuido por:
Patricia King Ministries
PO Box 1017
Maricopa, AZ 85139
PatriciaKing.com

Esta obra está disponible en Amazon.com

ISBN: 978-1-62166-522-9

RECOMENDACIONES

Oh, ¡cuánto me encanta este libro! ¿Por qué? Porque está lleno de Escrituras. Está lleno de Oración. Está lleno de la naturaleza y el carácter de Dios. Está lleno de puntos de activación para poner a trabajar tu fe. *Bendecido para Bendecir* tiene todos los ingredientes correctos para crear una presentación especial de Dios para Su pueblo. Práctico ... Inspirador ... y lleno de invitación divina para colaborar con el Espíritu Santo para que seas todo lo que puedas ser. Estoy usándolo como una herramienta para equipar en mi propia vida y mi equipo. Gracias, Patricia, por modelar de manera tan excelente a nuestro Padre Celestial.

DR. JAMES W GOLL
FUNDADOR DE GOD ENCOUNTERS MINISTRIES
AUTOR, CONFERENCISTA, ARTISTA MUSICAL,
ENTRENADOR DE COMUNICACIONES

La Biblia profetiza que habrá una gran transferencia de riquezas en los últimos días para acelerar el cumplimiento de la Gran Comisión. Este libro tan oportuno activará al lector a un nuevo nivel de fe para incrementar sus riquezas personales, así como impartir visión para ayudar a financiar el avance del Reino de Dios. Yo hubiera deseado leer *Bendecido para Bendecir* cuando era joven. Recomiendo altamente este libro revolucionario.

CHÉ AHN
FUNDADOR Y PRESIDENTE DE HARVEST
INTERNATIONAL MINISTRY
PASTOR PRINCIPAL HROCK CHURCH

Patricia King tiene gran autoridad para escribir un libro acerca de la bendición. Ella personalmente ha vivido el mandato bíblico de (ser) *Bendecido para Bendecir* por muchos años. Ella es una de las personas más generosas que conocemos. Serás activado a nuevos niveles de creación y distribución de riquezas al seguir los principios que ella detalla en este libro. ¡Prepárate para recibir la Unción de Benefactor!

WESLEY Y STACEY CAMPBELL
WESLEYSTACEYCAMPBELL.COM
SHILOHCOMPANY.ORG

Hay tanto aceite en esta revelación. Tan pronto que la escuché, el Señor me llevó a un encuentro donde me mostró cómo yo podía bendecir a alguien con una fuente de ingreso permanente. *Bendecido para Bendecir* causará que tu esfera de influencia y prosperidad aumente tan exponencialmente que podrás bendecir y traer incremento a otros con beneficios que transformarán sus vidas. Prepárate para un lugar de autoridad totalmente nuevo en la economía del Reino de Dios.

KATIE SOUZA
KATIE SOUZA MINISTRIES

Bendecido para Bendecir representa uno de mis 16 valores y principios clave por los cuales vivimos en mi iglesia, "Open Door". Es algo que yo siempre me esfuerzo por implementar en mi vida. Me emocioné tanto al enterarme de este libro de Patricia King que Leanna y yo lo leímos en un día. Es una lectura maravillosa llena de revelación profética en cuanto a cómo caminar según el corazón del Padre para ser catalizadores vivificantes. Me encanta el lenguaje de lo que es ser un benefactor y he sido desafiado a responder en fe y contestar ese llamado.

TROY BREWER, PASTOR PRINCIPAL,
OPEN DOOR CHURCH, BURLESON, TX
TROYBREWER.COM

Esta lectura corta y fácil contiene la revelación más relevante que la iglesia – y tu vida – necesitan ahora. En mis estudios acerca del mover del Espíritu y las tendencias teológicas a través de los siglos, me he dado cuenta de que algunas de las áreas de mayor controversia y confusión con frecuencia son revelaciones muy importantes a las cuales el Señor quiere traer claridad. Las riquezas y las finanzas definitivamente figuran dentro de esa categoría.

Patricia King es una mentora para mí. Cuando ella habla, yo escucho, porque lo que ella dice (y escribe) sale de un pozo de experiencia y mucho estudio intenso de las Escrituras. Estoy convencido de que *Bendecido para Bendecir* te empoderará de manera práctica a caminar en el nivel de abundancia en el Reino que Dios quiere que Su pueblo experimente como algo normal. Es una prosperidad que se traduce en impacto y transformación en las vidas de otros.

LARRY SPARKS, MDIV.

PUBLICADOR, DESTINY IMAGE

AUTOR DE *BREAKTHROUGH FAITH*

CO-AUTOR DE *ARISE*

LARRYSPARKSMINISTRIES.COM

El libro nuevo de Patricia King, *Bendecido para Bendecir*, te desafiará a alcanzar más alto, te posicionará a ser mejor, y te equipará para ser bendecido más allá de la medida. ¡Léelo y recibe la impartición que lleva!

JOSHUA MILLS,
INTERNATIONAL GLORY MINISTRIES
WWW.JOSHUAMILLS.COM

Dios está haciendo algo verdaderamente especial entre Su pueblo ahora. Está despertando a los que están dispuestos a alcanzar un mayor entendimiento de lo que en verdad significa ser Sus administradores aquí en la tierra, y representarlo en toda la creación. Una de las áreas más importantes en que lo está haciendo es en las finanzas y provisión. Dios está buscando a quienes Él pueda bendecir para que sean bendición, una generación de "máquinas de riquezas del reino" que tendrán mucha abundancia divina para financiar las obras del Reino aquí en la tierra. El nuevo libro de Patricia King, *Bendecido para Bendecir,* te ayudará a entrar a esta dimensión de provisión sobrenatural para que todas tus necesidades sean suplidas, y para que puedas sembrar radical-mente en lo que Dios está haciendo en derredor del mundo.

ROBERT HOTCHKIN
MEN ON THE FRONTLINES
ROBERTHOTCHKIN.COM / MENONTHEFRONTLINES.COM

Cada cosa buena que tenemos es un regalo de Dios, y es Su buena y perfecta voluntad que continuamente pasemos esos regalos a otros. El libro de Patricia King, *Bendecido para Bendecir*, es una obra maravillosa que resume el deseo de Dios de amar y bendecir a otros por medio de Su pueblo. ¡Te lo recomiendo!

JOAN HUNTER
AUTORA/EVANGELISTA DE SANIDAD
ANFITRIONA DEL PROGRAMA "MIRACLES HAPPEN"

Dedicado a:

Todos los que tienen hambre de vivir en total entrega a Dios...

Aquellos que están posicionados a ser bendecidos para ser una bendición

Contenido

Benefactor – El Llamado

Benefactor – El Llamado

¿Alguna vez has soñado con alguien repentinamente apareciendo en tu vida y amablemente preguntando, "¿Cuáles son tus necesidades? ¿Qué puedo hacer para ayudarte? ¡Te quiero escribir un cheque para cubrir todas tus necesidades!"? Eso, mi amigo, es lo que describe a un benefactor.

La definición de un benefactor es "uno que confiere bendición a otro; una persona que da dinero para ayudar a una persona o una causa, uno que da un beneficio".

Estoy segura de que a ti, como a mí, te encantaría que un benefactor apareciera en tu vida. En 2017/2018, recibí tres palabras proféticas por medio de tres ministros creíbles, quienes declararon que Dios me iba a mandar benefactores para ayudarme con mis asignaciones en el ministerio. Comprensiblemente, les di la bienvenida a estas maravillosas palabras de Dios y estaba extremadamente agradecida, pero un deseo insaciable se levantó en mi corazón – y me escuché a mí misma orar, "Dios, estoy agradecida más allá de las palabras por tu bondad al enviarme benefactores, pero, ¡yo quiero SER una benefactora! El Señor me contestó, "Te haré una benefactora y a la vez te enviaré benefactores". ¡Por supuesto que esta respuesta me dio muchísimo gusto!

¡Dios quiere hacer esto con todo Su pueblo! Quiere que tengas benefactores en tu vida, pero aun más importante, quiere que tú seas un benefactor. ¡Oh, que todos los hijos de Dios fueran benefactores! Mi padre solía decirnos cuando éramos niños, "Más bienaventurado es dar que recibir". Descubrí que esto es cierto. Sin duda alguna es una bendición recibir, pero eres más bendecido cuando eres empoderado para dar. Imagina que nunca tuvieras la habilidad de proveer para una necesidad que vieras y para lo cual quisieras ayudar. El dar abre dentro de ti tu destino y gozo y causa que seas partícipe de la naturaleza divina de Dios. "Porque de tal manera amó Dios ... que ha dado ... (Juan 3:16).

DIOS: NUESTRO BENEFACTOR

Dios es el benefactor máximo. David declaró:

Bendice, alma mía, a Jehová,
Y bendiga todo mi ser su santo nombre.
Bendice, alma mía, a Jehová,
Y no olvides ninguno de sus beneficios.
El es quien perdona todas tus iniquidades,
El que sana todas tus dolencias;
El que rescata del hoyo tu vida,
El que te corona de favores y misericordias;
El que sacia de bien tu boca
De modo que te rejuvenezcas como el águila.
Salmo 103:1-5 RVR60

David le ordenó a su alma a reconocer los muchos beneficios que Dios le daba. Él reconocía que Dios mismo era su benefactor.

En muchas ocasiones las personas buscan a alguien que les dé lo que necesitan, colocando toda su confianza en los humanos en vez de hacerlo en Dios. Dios es el verdadero benefactor y siempre quiere beneficiarte en cada área de tu vida.

Yo te voy a mostrar cómo posicionarte para no solo recibir el beneficio de la provisión y bondad de Dios sino también para llegar a ser uno de Sus benefactores en estos días.

BENEFACTOR – EL LLAMADO

Vemos, en los primeros capítulos de la Biblia, a Dios llamando a Abraham para que sea un benefactor.

Y haré de ti una nación grande,

y te bendeciré,

y engrandeceré tu nombre,

y serás bendición.

Génesis 12:2

Dios bendijo específicamente a Abraham para que él fuera una bendición. Le estaba llamando a bendecir a todas las familias de la tierra por medio de Cristo. Abraham fue el benefactor que Dios usó para bendecir a las naciones, pero tú también has sido llamado para este propósito.

NO VÍCTIMA SINO VICTORIOSO

He conocido a creyentes que siempre están soñando de que en algún momento recibirán una gran cantidad de dinero. Dicen cosas tales como, "Si algún día llego a ganarme la lotería o recibo una gran herencia, daré la mayor parte a las causas del ministerio". Cuando hacen tal declaración, la mayoría de ellos dan muy poco, aunque tienen la habilidad de dar más. He escuchado a otros decir, "Estoy bajo el peso de mucha deuda; si solo alguien pudiera venir y saldarlo todo".

¿Puedes ver lo que está detrás de estas mentalidades? Ambas ejemplifican a una víctima y no a una persona victoriosa. Si creemos que nuestro placer en la vida es simplemente que alguien venga para pagar nuestras cuentas o regalarnos una gran suma de dinero, entonces no estamos apuntando correctamente al blanco. Aun en la iglesia a veces observamos la mentalidad de víctima en líderes que piensan que si tan solo unos dos empresarios adinerados se involucraran en su ministerio para pagar por sus proyectos y completar su presupuesto, serían bendecidos. El líder de la iglesia, en este caso, siempre está buscando al próximo benefactor en vez de llegar a ser él mismo un benefactor.

Todos podemos enfocarnos en necesitar un benefactor o llegar a ser uno. Es una bendición que Dios te asigne benefactores, y creo que te los traerá, pero más bienaventurado es dar que recibir —¡llegar a SER un benefactor! Es tiempo de deshacernos de esta mentalidad de víctima —somos victoriosos. En Cristo somos la cabeza y no la cola ... encima solamente y no abajo (Deuteronomio 28:13).

En este tiempo, Dios está designando y ungiendo a Sus benefactores. ¡Te está buscando a ti! Cuando Dios llama, Él provee. Si le das tu "sí", Él te preparará, equipará y empoderará. Puedes comenzar tu llamado como benefactor al responder, "SÍ" a su invitación ahora mismo.

Posicionado como Benefactor
Llave #1

Posicionado como Benefactor
Llave#1

Busca Primero el Reino de Dios y Su Justicia

Dios está buscando a aquellos en quienes Él pueda confiar como Sus benefactores. Él me dio la siguiente palabra en Octubre de 2018: "Les he dado riquezas a muchos de Mi pueblo, pero las han gastado en ellos mismos y no comprendieron Mis propósitos. Estoy buscando a aquellos a quienes les pueda confiar grandes riquezas en esta hora - aquellos que generosamente avanzarán Mi Reino con un corazón justo y motivaciones puras. Estos serán Mis benefactores y serán bendecidos".

Jesús dio una advertencia poderosa en cuanto al amor al dinero, pero también una cálida invitación a almacenar tesoros en el cielo en el siguiente pasaje:

No os hagáis tesoros en la tierra, donde la polilla y el orín corrompen, y donde ladrones minan y hurtan; sino haceos tesoros en el cielo, donde ni la polilla ni el orín corrompen, y donde ladrones no minan ni hurtan. Porque donde esté vuestro tesoro, allí estará también vuestro corazón.

La lámpara del cuerpo es el ojo; así que, si tu ojo es bueno, todo tu cuerpo estará lleno de luz; pero si tu ojo es maligno, todo tu cuerpo estará en tinieblas. Así que, si la luz que en ti hay es tinieblas, ¿cuántas no serán las mismas tinieblas?

Ninguno puede servir a dos señores; porque o aborrecerá al uno y amará al otro, o estimará al uno y menospreciará al otro. No podéis servir a Dios y a las riquezas. — *Mateo 6:19-24*

Muchos encuentran su identidad en las posesiones materiales y su estatus financiero, pero Jesús les enseñó a Sus seguidores que los ojos de su corazón debían estar enfocados en las cosas de valor eterno, no temporal. Luego, sigue con este tema en Mateo 6:25-35, donde enseña acerca de estar libres de la ansiedad en cuanto a la provisión terrenal. En los versículos 32-33, Él explica que los gentiles (los no-creyentes) ansiosamente buscan todas esas cosas, pero que Su pueblo ha de buscar primeramente Su reino y Su justicia, y que cuando lo hacemos, todas esas cosas nos serán añadidas sin que nosotros las busquemos.

Hace algunos años, el Señor me invitó a considerar los deseos de los "gentiles". Me preguntó, "¿Qué es lo que la mayoría de las personas no salvas desean en cuanto a los bienes del mundo?" Pensé algo y luego le di algunas sugerencias, incluyendo el dinero, casas, propiedades, autos de lujo, joyas y buena ropa, solo por nombrar algunas. Él me dijo, "Yo quiero que Mi pueblo disfrute de todas esas cosas, y serán bendecidos con ellas si me ponen a Mí, Mi reino y Mi justicia en primer lugar. Pero no han de buscar estas cosas – Yo simplemente las añadiré si me ponen a Mí en primer lugar".

Fue una revelación tan poderosa. Yo nunca he quedado impresionada con el materialismo, así que fue refrescante para mí porque confirmó mis valores. Con toda intención, quedé firmemente parada sobre esa promesa y la vi manifestarse año tras año. Hubo muchas ocasiones cuando mi esposo y yo entregamos casi todo lo que poseíamos a fin de obedecer una asignación de Dios. Al buscarlo apasionadamente, observamos cómo Su bendición venía sobre nosotros y nos perseguía (Deuteronomio 28:2). Dinero, casas, tierras, ropa, vehículos y joyería simplemente nos eran añadidos. Con frecuencia nos quedábamos asombrados, presenciando la bondad del Señor que se establecía en nuestro derredor.

¿Cómo adquirimos tanta bendición? Oh, ¡cuánta gracia! Tantos están tan ansiosos en cuanto a la provisión que pasan sus vidas enfocados en las cosas materiales, pero si la rindieran toda y buscaran primero Su Reino, todo les sería añadido.

La bendición de Jehová es la que enriquece, Y no añade tristeza con ella – *Proverbios 10:22.*

Antes de que Dios sacara a Su pueblo del desierto y los llevara a la Tierra Prometida, los preparó por medio de enseñanza y revelación. El capítulo 8 de Deuteronomio está lleno de estas enseñanzas. Les advirtió fuertemente de que no pusieran su enfoque en las bendiciones y que recordaran finalmente quién era su Benefactor.

> Y comerás y te saciarás, y bendecirás a Jehová tu Dios por la buena tierra que te habrá dado. Cuídate de no olvidarte de Jehová tu Dios, para cumplir sus mandamientos, sus decretos y sus estatutos que yo te ordeno hoy; no suceda que comas y te sacies, y edifiques buenas casas en que habites, y tus vacas y tus ovejas se aumenten, y la plata y el oro se te multipliquen, y todo lo que tuvieres se aumente; y se enorgullezca tu corazón, y te olvides de Jehová tu Dios, que te sacó de tierra de Egipto, de casa de servidumbre... y digas en tu corazón: Mi poder y la fuerza de mi mano me han traído esta riqueza.
>
> Sino acuérdate de Jehová tu Dios, porque él te da el poder para hacer las riquezas, a fin de confirmar su pacto que juró a tus padres, como en este día.
>
> — *Deuteronomio 8:10-14, 17-18*

Puedes identificar la preparación tan clara del Señor en este pasaje. Él le recordó a Su pueblo que el poder para hacer riquezas viene de Él y que ellos serían bendecidos y experimentarían incremento y multiplicación por medio de Su bondad. También les advirtió fuertemente que el grado de bendición que iban a recibir podría, potencialmente, conllevar un peligro. Podrían alejarse de Él y dirigir su enfoque de vida en ellos mismos y en su propio poder y habilidad humana para traer incremento.

La historia que Jesús contó del joven rico ofrece más perspectiva. Jesús le dio instrucción sabia a este joven en cuanto a cómo podía asegurar tesoros en el cielo y ser bendecido en la tierra. Lamentablemente, el joven rico permitió que su amor por las posesiones y las riquezas lo apartaran de la invitación de Cristo en vez de abrazarla.

> Jesús le dijo: Si quieres ser perfecto, anda, vende lo que tienes, y dalo a los pobres, y tendrás tesoro en el cielo; y ven y sígueme. Oyendo el joven esta palabra, se fue triste, porque tenía muchas posesiones. – *Mateo 19:21-22*

Yo creo que el joven rico malinterpretó la

invitación. Jesús no estaba sugiriendo que cediera todas sus riquezas a fin de ser pobre, sino para que tuviera riquezas en el cielo de dónde él pudiera hacer retiros. Sea lo que siembres, los propósitos de Dios causarán incremento. No solo serás bendecido con fruto eterno que vendrá como resultado de lo que siembres, sino que también estarás acumulando tu reserva celestial. Por fe, podrás acceder y recibir en la tierra de lo que hay en esa cuenta, así como disfrutar tu premio eterno. Siempre se gana con Dios. Jesús quería que el joven rico fuera bendecido materialmente aun más de lo que ya era, y esto era además del privilegio de seguir a Cristo junto con los discípulos. Pero el corazón del joven rico estaba enamorado de sus posesiones y no pudo hacer lo que Jesús le aconsejó que hiciera.

Hoy, Dios está marcando a las personas que responderán a Su llamado de ser benefactores. Son generosos en sus corazones y están libres del amor por las posesiones materiales. Son justos en sus motivaciones y apasionados por ver el avance del Reino. Viven con la eternidad en sus corazones. Ellos llegarán a tener aun mayores riquezas a fin de cumplir con el llamado de benefactor en sus vidas. Además de ser usados para bendecir a muchos, ellos personalmente serán bendecidos con abundancia más allá de sus sueños más grandes.

Una pareja que conozco, que son bendecidos con la unción de benefactores, son dos de las personas más generosas que jamás he conocido. Son estratégicos gracias a la sabiduría divina en cuanto a cómo dispersar sus fondos. Y aunque han llegado a ser empresarios muy exitosos, sus corazones están apasionados por el avance del reino – es su meta número uno y enfoque. Entre más bendicen el avance del reino, más incremento experimentan ellos. Es bello observar que han bendecido a individuos y ministros, y han provisto de los fondos para muchas asignaciones en el Reino y en la compra de propiedades. Y en todo su dar, ellos siguen recibiendo más y más bendición financiera. No empezaron con mucho, pero la bendición del Señor los enriqueció conforme ellos fueron fieles en ser generosos con lo poco y en guardar sus corazones al estar comprometidos a caminar siempre con motivaciones justas.

Posiblemente esta sea tu historia también ... y si no es, ¡puede ser!

Posicionado como Benefactor
Llave #2

Posicionado como Benefactor

Llave #2

Aprópiate de Tu Llamado a Ser Benefactor

Cuando el Señor me empezó a enseñar acerca de la unción de benefactor, me di cuenta de que yo había sido benefactora por muchos años pero simplemente no lo había reconocido como un llamado oficial de Dios. Después de nacer de nuevo, me encantaba ayudar a las personas en sus necesidades y sacrificarme a fin de cumplir los mandatos y las asignaciones del Reino.

Descubrí que entre más daba, más bendecida era. Ser benefactor no depende de cuánto puedes dar para beneficiar a otro, porque aun el beneficio más mínimo que le puedas ofrecer a otro puede definirte como benefactor.

Cuando Dios me enseñó acerca de Su unción de benefactor, hizo hincapié en el hecho de que apropiarme oficialmente de tal llamado era vital. En 1978 recibí una palabra profética que revelaba que Dios me había llamado a ser profeta. Yo solo tenía dos años en el Señor en aquel entonces, y apenas profetizaba un poco cuando esa palabra se dio. Di mi "sí" con entusiasmo a la palabra pero luego la archivé. Dios soberanamente me ungiría y nombraría a fin de cumplir esta palabra profética, pensé. Yo estaba feliz de descansar en eso. Yo me movía en el don profético por fe, pero de ninguna manera estaba caminando en el oficio de profeta tal como se describe donde se definen los dones ministeriales en Efesios 4:11-13.

Más de veinte años después, yo estaba en Holanda compartiendo en una conferencia grande. Mientras estaba en la plataforma, un mover sobera- no del Espíritu Santo cayó sobre la reunión. Algunas

APRÓPIATE DE TU LLAMADO A SER BENEFACTOR

personas oyeron lo que creyeron ser la voz de Dios sobre el altoparlante mientras yo predicaba. Era la voz de un hombre, muy clara y singular, que estaba haciendo sonidos de asentimiento con lo que yo estaba diciendo. Los técnicos de sonido no podían ver de dónde venía la voz. Yo personalmente no escuché la voz, pero sí me daba cuenta de que se sentía la presencia gloriosa y tangible del Señor. Después de terminar mi mensaje, todo el auditorio quedó en silencio - nadie se quería mover. Algunos escogieron permanecer en Su presencia en el auditorio durante la hora de comida. La atmósfera se sentía santa y con un gran peso de Su gloria.

El encargado de la reunión se acercó conmigo más tarde ese día y me invitó a unirme con Él y su equipo de adoración para ir a visitar a varios países europeos. Mi manera de servir en el equipo sería por medio de profetizar sobre cada ciudad que visitábamos. Yo le expliqué que lo que él había visto ocurrir en la reunión ese día no ocurría normalmente cuando yo ministraba, sino que más bien había sido una intervención soberana de Dios. Él me respondió enfáticamente, "De todas maneras, siento que Dios quiere que vengas en esta gira".

Me fui a casa y le pedí a mi esposo que orara conmigo para escuchar si había confirmación divina, y luego los dos estuvimos de acuerdo de que Dios estaba dando luz verde para esta asignación.

Seis meses después, me encontraba en la gira. Oré y ayuné antes de llegar a Holanda y estaba confiando en Dios con fe ciega. Al prepararme para el viaje, saqué de mi archivo aquella profecía de 1978 y medité en ella. Saqué una copia y la coloqué en mi bolsa de mano.

En realidad, yo nunca antes había profetizado sobre ciudades salvo la ciudad donde vivía. La primera reunión fue desafiante — tal parecía que yo no podía recibir nada del Señor para dicha ciudad. Mi mensaje profético fue sencillo, y no sentí el peso de la unción del Señor sobre él. Me sentí muy desanimada después de la reunión y me imaginé que el líder también había quedado desilusionado, aunque se portó de manera muy amable conmigo.

Tuve la misma experiencia en la siguiente ciudad. Después de esa reunión, perdí toda mi confianza. Sentí que yo estaba fallándole al ministro que me había invitado, pero que peor aun, le estaba fallando al Señor. El enemigo estaba teniendo un gran día con- migo, atacándome con misiles de auto-condenación. Con todo mi ser, yo me quería regresar a casa, pero me había comprometido con esta gira y tenía toda la intención de cumplir mi palabra.

En la tercera ciudad, nuestro anfitrión era un líder eclesiástico y además era un profeta altamente reconocido y respetado en aquella nación. Él era el ministro que había traducido para mí en la gran con- ferencia donde Dios había manifestado Su gloria y voz de manera tan poderosa. Pedí hablar con Él en privado, así que respetuosamente me condujo a su oficina. Compartí con él cómo me sentía y lo que había transpirado en las últimas dos reuniones.

Se quedó quieto por lo que me pareció un largo tiempo, y luego, en ese silencio incómodo de repente profetizó, "Hace veinte años, tuviste una palabra profética poderosa. En esa palabra, el Señor te llamó una profeta". Respondí anonadada, "¡Sí! De hecho, cargo esa palabra conmigo – sentí del Señor tenerla conmigo". La saqué de mi bolsa de mano y se la leí. Él entonces me desafió firmemente, "Entonces, ¿por qué no estás actuando en base a esa palabra? ¿Por qué no estás cumpliendo tu manto de profeta?"

Su pregunta me tomó totalmente por sorpresa y batallé para encontrar palabras para responder. "Pues, creo que había estado esperando que Dios la cumpliera en el momento propicio," le contesté. Él respondió, "El momento propicio fue hace veinte años – ¡eso es cuando Dios te llamó profeta! El problema es que no te has apropiado de tu llamado. ¡NO has caminado en él! Necesitas decir en voz alta, ahora mismo, con plena confianza, ¡SOY PROFETA!"

Ahora, ¡sí que me sentía incómoda! Le compartí que no me sentía cómoda con hacer tal confesión, y él me preguntó por qué estaba tan renuente. Le respondí sin titubear, "Porque siento que sería presuntuoso. ¿Cómo puedo saber por parte de Dios que soy pro-feta ahora?" Él fue persistente, sin embargo, y declaró que no iba a empezar la reunión esa noche hasta que yo declarara, "¡SOY PROFETA!" Además, afirmó que Dios ya me había llamado y designado, pero que yo lo tenía que aceptar. Que tenía que apropiarme del lla-mado e identificarme con él. Él esperó y esperó para que yo respondiera. De hecho yo en verdad trataba de declararlo, pero no podía. Sin embargo, gracias a su persistencia que no menguaba, por fin pude decir las palabras: "¡SOY ... PROFETA!"

Sorprendentemente, el momento que por fin lo confesé, sentí una libertad interna al apropiarme del llamado. Fui a la reunión con una confianza quieta en Dios de que recibiría Su palabra profética para la ciudad y la iglesia. Lo profético fluyó como un río que llevaba un nuevo peso de autoridad. En cada ciudad después experimenté los mismos resultados.

El Señor me reveló que todos los llamados requieren que nos apropiemos de ellos de manera personal. Jesús llamó a Sus discípulos. Les dijo a Jacobo y a Juan, por ejemplo, que dejaran de remendar sus redes, que las dejaran atrás y que lo siguieran (Mateo 4:21-22). Jesús llamó a Jacobo y a Juan, pero ellos tuvieron que responder – tuvieron que apropiarse e identificarse como discípulos de Jesús. Sí dejaron sus redes para seguirle, y de ese día en adelante, fueron identificados como los discípulos de Jesús y posteriormente como apóstoles. La unción de Jesús fluía a través de ellos mientras ellos hacían las mismas obras que Él hizo. Si no hubieran respondido, probablemente hubieran pasado sus vidas pescando y remendando redes aunque habían sido llamados a ser discípulos de Cristo.

Como mencioné anteriormente, yo había estado funcionando como benefactora en niveles menores por años, pero cuando el Señor me invitó a apropiarme oficialmente del llamado, todo escaló. El llamado comenzó a tomar definición y claridad.

Dios está buscando en la tierra corazones como el tuyo que le pertenecen totalmente a Él – individuos en quien Él pueda confiar. Te está llamando a ti. Como yo, probablemente puedes mirar atrás en tu vida y ver que ya has activado la unción de benefactor. Cada vez que le has concedido bendición o beneficio a otro, ser benefactor (uno que da beneficios) fue activado en ti. Ahora, Dios quiere que personal y oficialmente aceptes Su llamado. ¿Lo harás? Si estás de acuerdo, di en voz alta "¡SOY UN BENEFACTOR DE DIOS!" Intenta declararlo varias veces hasta que actualmente lo recibas y creas. Aprópiate completamente del llamado. Confiadamente identifícate como benefactor de parte de Dios.

CAPÍTULO CUATRO

Posicionado como Benefactor
Llave #3

Posicionado como Benefactor

Llave #3

Recibe la Palabra
Cree la Palabra
Actúa en Base a la Palabra

Al igual que a Abraham, Dios te ha bendecido a ti. En Cristo, eres bendecido y has sido nombrado a ser una bendición (benefactor). El momento que diste tu vida a Jesús, llegaste a ser recipiente de todo lo que Él es y todo lo que Él tiene. Él vivió, murió y resucitó "como tú" para que puedas vivir tu vida en la tierra "como Él".

Jesús dijo al Padre, " La gloria que me diste, yo les he dado" (Juan 17:22). Gloria significa esplendor, abundancia, riquezas y alabanza. No es algo que merecemos, ni es tampoco algo que podemos ganarnos por nuestro propio mérito – es un regalo. Nuestro Padre celestial nos ofreció libremente amor incondicional y favor inmerecido por medio de Jesucristo.

Las Escrituras confirman que ¡eres bendecido con toda bendición espiritual en los lugares celestiales en Cristo! (Efesios 1:3) También eres bendecido en Cristo con cada promesa en la Palabra y con todo lo que pertenece a la vida y a la piedad (2 Pedro 1:3,4).

Para ser benefactor, primero tienes que reconocer que ya eres bendecido. No puedes bendecir a otro si tú no eres bendecido. Así que, ¿qué dice Dios acerca de ti? ¿Qué bendiciones están a tu disposición? De acuerdo con los versículos arriba mencionados, ya has sido bendecido con toda bendición posible.

Las Escrituras revelan las promesas de Dios – ¡su Palabra está llena de bendiciones que tienen tu nombre! Si el Señor lo dijo, lo puedes creer, y así es. Sin embargo, muchos cristianos solo están anhelando y orando que las bendiciones algún día les lleguen

— no se dan cuenta de que las bendiciones ya les pertenecen. ¡Jesús derramó todas estas bendiciones sobre nosotros hace dos mil años! ¿Has creído que las promesas de Dios son tuyas personalmente? ¿Las has recibido como tuyas?

Los benefactores tienen plena confianza de que ya son bendecidos. No están esperando ser bendecidos —saben que son bendecidos. Para moverte en el llamado de benefactor, tienes que tener la misma confianza — ya eres bendecido y estás buscando dónde ser una bendición.

Yo creo que estás leyendo este libro porque Dios estableció que lo hicieras. Te sentiste atraído a leerlo. Mi oración por ti es que mientras lees este libro, que escuches al Espíritu llamarte Su benefactor. Cuando escuches Su voz, te establecerás en este bello llamado y unción.

En septiembre del año 2008, mi esposo y yo veníamos de regreso de un viaje de ministerio en Asia. Hicimos una escala en Hawái para cumplir con un compromiso ministerial allí. Nuestra habitación en el hotel era el número 2812. Cuando vi el número en la llave de nuestra habitación, escuché a Dios decir,

"Te estoy dando Génesis 28:12 como una promesa: "Y prestarás a muchas naciones, y tú no pedirás prestado".

Entramos a nuestra habitación, y cuando prendimos las noticias en la televisión, nos enteramos de que todo el sistema bancario en los Estados Unidos había colapsado ese día. Posteriormente se consideró por parte de los economistas como la peor crisis financiera desde la Gran Depresión en los 1930. Lo encontramos interesante que justo en el día que el sistema bancario colapsara, Dios estaba declarando que nosotros éramos un banco: "Prestarás a muchos... mas no pedirás prestado".

En ese tiempo no contábamos con mucho dinero en efectivo, y tampoco teníamos muchos activos. Desde el momento en que habíamos nacido de nuevo, habíamos vivido nuestras vidas para el avance del Reino y con frecuencia vaciábamos nuestra cuenta bancaria a favor de las necesidades del ministerio. Teníamos muy poco que ofrecer, pero ambos concordamos en aceptar el llamado de ser un banco para Dios. Comenzamos de manera pequeña pero fuimos intencionales. Los bancos prestan dinero y proveen los fondos para proyectos. Comenzamos a hacer ambas cosas en nuestras vidas personales y en nuestro ministerio. Dios nos estaba preparando a ser Sus benefactores aunque no entendíamos sobre el llamado de benefactor en aquel tiempo.

En el principio, solo teníamos pequeñas cantidades, unos $50 – $100, para dar para ayudar a las personas. Con el tiempo, llegamos a tener más dinero para dar y prestar. Eventualmente pudimos bendecir a individuos y ministerios con cantidades mayores para avanzar el reino y ayudar a las personas. ¡Estábamos funcionando como benefactores!

Ni siquiera lo pensábamos por adelantado... simplemente seguíamos la dirección del Espíritu un día a la vez. Buscábamos al Señor, Su Reino y Su justicia con todo nuestro corazón, y verdaderamente Sus bendiciones llegaban y nos alcanzaban.

Frecuentemente nos venía a la mente Génesis 12:2 y meditábamos en ello. Como Abraham, éramos bendecidos y éramos una bendición. ¡Éramos los benefactores de Dios!

Una de las llaves más vitales es recibir tu palabra específica por parte de Dios. Busca las Escrituras y estudia las promesas concernientes a las bendiciones que Dios te ha dado. Recuerda que TODAS las promesas son tuyas. Medita en ellas hasta que la Palabra habite ricamente en tu corazón y mente.

David conocía la importancia de meditar en la Palabra de Dios. Era su llave para prosperar en todo aquello en lo cual ponía sus manos, y la misma promesa es para ti.

Bienaventurado el varón que no anduvo en consejo de malos, Ni estuvo en camino de pecadores, Ni en silla de escarnecedores se ha sentado;

Sino que en la ley de Jehová está su delicia, Y en su ley medita de día y de noche.

Será como árbol plantado junto a corrientes de aguas, Que da su fruto en su tiempo, Y su hoja no cae; Y todo lo que hace, prosperará. – *Salmo 1:1-3*

Medita en la verdad de que ERES BENEFACTOR DE DIOS. Medita en la promesa de que, al igual que Abraham, eres bendecido y eres bendición. Meditar significa ponderar, pensar mucho en, pronunciar y repasar. Cuando meditas en una promesa una y otra vez, eventualmente queda establecida en tu corazón — y es mucho más profundo que un simple acuerdo.

Es como si esa promesa ha llegado a ser parte de ti.

Porque con el corazón se cree para justicia, pero con la boca se confiesa para salvación. – *Romanos 10:10*

FE

Es pues la fe la sustancia de las cosas que se esperan, la demostración de las cosas que no se ven. – *Hebreos 11:1 (RVA)*

Hay una diferencia entre la esperanza y la fe:

La esperanza es algo bueno. Es la expectativa gozosa de cosas que han de venir. La esperanza no te asegura la promesa, pero te lanza hacia la fe.

La fe, sin embargo, es una realidad de "ahora mismo" o una "seguridad interna". El versículo citado arriba dice, "Es pues la fe..." También nos enseña que la fe es la sustancia de lo que se espera (nuestra esperanza) y que es evidencia de lo que no se ve en lo natural. Cuando estás en fe, ya tienes aquello por lo cual estás creyendo aunque todavía no se ha manifestado. En la dimensión espiritual, es tu realidad. Entonces se manifestará en lo natural. Con la verdadera fe no hay duda – sabes, que sabes que sabes.

Jesús nos enseñó a estar en fe – sin dudar – cuando nos acercamos a Dios con una petición, y que entonces nos "vendría".

> Por tanto, os digo que todo lo que pidiereis orando, creed que lo recibiréis, y os vendrá.
> – *Marcos11:24*

Cuando oras para recibir la unción de benefactor, tienes que creer que lo recibirás. La fe es tu conexión a la promesa. Recibe por fe.

ACCIÓN

Hay que actuar en base a la fe. Si no hay acción con la fe, es muerta (Santiago 2:26). Cuando por primera vez abracé la promesa de Génesis 12:2, actué en base a ella. Llegué a ser una bendición con intencionalidad. Escogí intencionalmente beneficiar y bendecir a personas y a la obra del Señor. En ocasiones, era con dinero, en ocasiones, con regalos o servicio, pero actuaba en base a la Palabra. Cuando Dios dijo que prestaríamos a muchos, actuamos por la Palabra, aunque fue con pequeñas cantidades al principio. He escuchado a muchos decir "Actuaré en la Palabra cuando se me resuelvan ciertas cosas o cuando reciba una gran cantidad de provisión", pero Dios dice, "Si crees, ¡entonces entra en acción!"

Y recuerda que la fe es la dimensión de "ahora mismo" así que nuestras acciones tienen que estar en el "ahora" aunque sea con un paso simbólico pequeño. Si pones condiciones en tus acciones de fe, entonces todavía no estás en fe.

Parte de nuestra acción en respuesta es hablar y declarar lo que creemos. La Biblia dice que Dios "llama las cosas que no son, como si fuesen" (Romanos 4:17). Como Sus hijos, hablamos Su Palabra. Podemos llamar las cosas que no vemos, "como su fueran" si Dios nos guía a hacerlo. Mientras lees este libro, tu corazón se moverá, estimulado por el Espíritu al invitarte Él a ser Su benefactor. Aunque no lo veas operando en lo natural, llámalo a la existencia real. Llámalo desde la dimensión invisible a que venga a la dimensión natural.

Cuando Dios me dio la palabra acerca de ser Su benefactor, yo supe que era algo a lo cual no solo mi esposo y yo personalmente debíamos responder, sino también todo nuestro ministerio. Empecé a llamarnos los "Benefactores de Dios". Recordé las tres palabras proféticas que el Señor me había dado en el 2017 y 2018 en cuanto a los benefactores que Él estaba trayendo a nosotros. Pensé, "Voy a llamar a todos los que se han comprometido a apoyarnos financieramente de manera regular, benefactores".

Dios me estaba dando una visión para ayudar a proveer los fondos para cruzadas que se tendrían en lugares donde hay muchas personas que no han sido alcanzadas. Tomé pasos de fe y actuamos... cruzada tras cruzada. Me daba cuenta de que no podía hacer esto a solas, por mi propia cuenta, pero que juntos podíamos crear una compañía de benefactores para ser socios con ministerios en los cuales confiábamos para llevar el evangelio a algunos de los lugares más desafiantes sobre la tierra. Oh, ¡yo estaba tan emocionada!

Proclamé sobre nuestro ministerio que éramos un ministerio lleno de benefactores. Cambié el nombre de los que son nuestros socios financieros regulares al GO TEAM ("el equipo que va"). Juntos, como bene-factores, podíamos alcanzar a las masas por medio de los medios masivos, cruzadas, nuevas iglesias y actividades de alcance. Hablé palabra sobre cada uno de nuestros socios diciendo que eran los Benefactores de Dios. Mi meta era ayudar a proveer los fondos para una cruzada o actividad de alcance cada mes. Juntos, como una compañía de benefactores, lo podíamos hacer y traer al Señor el deseo más profundo de Su corazón – ¡ALMAS!

En el primer año, nos asociamos con un ministerio para ganar a más de 400,000 personas que hicieron decisiones por Cristo – la mayoría de ellas rindieron sus vidas a Él por primera vez.

Nos habíamos convertido en una compañía de benefactores. Algunos del GO TEAM, solo se han comprometido con dar $20.00 (dólares) al mes; otros $30, $50, mientras que otros dan $100, $500, y más, pero todos juntos somos un cuerpo de benefactores bendiciendo a las naciones con el evangelio. ¡Dios me trajo benefactores tal como había profetizado!

Muchos de nuestros socios financieros han testificado que desde que se hicieron socios del GO TEAM en nuestro ministerio, han incrementado significativamente en su crecimiento espiritual así como en bendiciones materiales. Cuando volteamos nuestro rostro hacia Dios y buscamos Su Reino, todo es añadido. Es mi mayor gozo verlos crecer en la realidad de que son bendecidos por Dios y que han sido llamados a ser una bendición. Están viviendo este mandato. ¡Tú también puedes! Cada creyente puede ser un benefactor en el Reino de Dios.

Recibe la palabra de Dios de que eres un benefactor. Créelo con todo tu corazón, y luego actúa en base a ello. ¡Puedes entrar a la unción de benefactor ahora mismo!

Posicionado como Benefactor
Llave #4

Posicionado como Benefactor

Llave #4

Siembra Bendiciones

En Génesis 8:22 descubrimos un pacto perpetuo que Dios hizo con Noé a favor de la humanidad. Prometió:

> Mientras la tierra permanezca, no cesarán la
> sementera y la siega... – *Génesis 8:22*

Dios declaró que mientras la tierra permanezca, cuando se plante una semilla habrá una cosecha correspondiente. El incremento siempre viene por medio de la siembra. Cuando siembras una semilla, una planta crecerá según la naturaleza de la semilla, y tu cosecha dependerá de cuánto sembraste.

Por ejemplo, si fueras a plantar una semilla de manzana en la tierra, crecería un manzano. El manzano está potencialmente en la semilla. Si no hay semilla – no hay manzano. Puede que tarde varios años antes de que el manzano dé su primera manzana, pero la semilla de una manzana producirá un manzano. Luego, cuando brota la primera manzana, hay semilla en esa manzana que puede producir más manzanos si son plantados. Si te comes la manzana, puedes disfrutar el momento, pero no habrá más plantas si te comes o descartas la semilla. Sin embargo, es posible comerte la fruta y plantar la semilla. Puedes disfrutarlo personalmente y a la vez, ver potencialmente un incremento.

Los benefactores siempre están sembrando semilla en buenas obras con intencionalidad. Frecuentemente siembran semilla como parte de su llamado a ser benefactores, y como resultado, cosechan una siega financiera. Mi esposo y yo hemos visto incremento en nuestro nivel de bendición al seguir sembrando semilla.

Examinemos la siguiente escritura:

Y poderoso es Dios para hacer que abunde en vosotros toda gracia, a fin de que, teniendo siempre en todas las cosas todo lo suficiente, abundéis para toda buena obra;

como está escrito: Repartió, dio a los pobres; Su justicia permanece para siempre.

Y el que da semilla al que siembra, y pan al que come, proveerá y multiplicará vuestra sementera, y aumentará los frutos de vuestra justicia,

para que estéis enriquecidos en todo para toda liberalidad, la cual produce por medio de nosotros acción de gracias a Dios. – *2 Corintios 9:8-11*

Como benefactor de Dios, tienes las siguientes promesas:

1. Dios puede hacer que abunde en ti toda su gracia (Su empoderamiento) para que tengas abundancia para toda buena obra.

2. Te suplirá semilla para que siembres pero también suplirá para lo que tú necesitas. Al igual que el ejemplo de la manzana, hay semilla en la manzana para sembrar, pero también fruta que disfrutar. Si le pides, Él te suplirá la primera semilla para sembrar.

3. Él multiplicará tu semilla para sembrar. Entre más siembras como benefactor, más semilla te dará para sembrar. Esto produce una cosecha de frutos de justicia en tu cuenta. El reino avanzará por medio de ti, y tendrás una recompensa eterna por tu fidelidad.

4. Serás enriquecido en todo para toda liberalidad. Muchas áreas de tu vida serán bendecidas debido a tu liberalidad en sembrar.

5. Producirás acciones de gracia a Dios. Las personas que han sido alcanzadas y los ministerios que han sido empoderados por medio de tu generosidad ofrecerán acciones de gracias a causa de tu fidelidad y amor tan generoso.

NO MENOSPRECIES UNA SEMILLA PEQUEÑA

Con frecuencia escucho a creyentes decir que tienen tan poco, que se sienten insignificantes en dar una cantidad pequeña para una gran necesidad, pero Dios no lo ve así. Di el ejemplo de nuestros socios comprometidos del GO TEAM. Algunos de nuestros socios solo pueden dar $20 o $30 al mes, y es un sacrificio verdadero y hermoso ... pero su semilla, tan pequeña que les pueda parecer, produce gran fruto. Un día se pararán delante del Señor, y Él les mostrará la gran cosecha de almas que entró al reino a causa de su fidelidad como benefactores.

Jesús nos enseña acerca del poder que está dentro de una semilla pequeña:

> Otra parábola les refirió, diciendo: El reino de los cielos es semejante al grano de mostaza, que un hombre tomó y sembró en su campo; el cual a la verdad es la más pequeña de todas las semillas; pero cuando ha crecido, es la mayor de las hortalizas, y se hace árbol, de tal manera que vienen las aves del cielo y hacen nidos en sus ramas. – *Mateo 13:31-32*

Si sientes que tu semilla es pequeña, no la retengas – siémbrala. Obtengamos más revelación de la siguiente parábola acerca de la distribución de los talentos.

En Mateo 25:14-30, Jesús comparte acerca de un hombre que dio talentos (dinero) a sus siervos: a uno le dio cinco, a otro, dos, y a otro, uno. Luego se fue de viaje, dejándolos para que administraran lo que él les había dado.

El hombre con cinco talentos los invirtió y ganó otros cinco talentos. El hombre con dos talentos también los invirtió y ganó otros dos, pero el hombre que solo tenía un talento consideró que era una cantidad demasiado pequeña e insignificante, así que lo enterró.

Cuando el hombre regresó de su viaje, llamó a cada uno para que rindieran cuentas de sus talentos. Alabó a los hombres que habían logrado un incremento con lo que él les había confiado, pero cuando el hombre con un talento compartió que no lo había sembrado para incremento, el dueño se quedó muy molesto y le quitó ese talento y se lo dio al hombre que tenía diez.

Es interesante que la razón por la cual este tercer siervo enterró su talento fue, "tuve miedo..." (Mateo 25:2). El temor causa que muchos retengan, pero la fe empodera a los creyentes con generosidad. No permitas que el temor te impida ser un benefactor para Dios, y no permitas que lo que parezca pequeño a tus ojos cause que retengas.

SEMBRAR ENSANCHARÁ
TU DIMENSIÓN DE BENDICIÓN

Me encanta la historia de cuando Isaac siembra su semilla en Gerar. Examinemos cómo la semilla que él sembró incrementó su dimensión de bendición.

> Y sembró Isaac en aquella tierra, y cosechó aquel año ciento por uno; y le bendijo Jehová.1 El varón se enriqueció, y fue prosperado, y se engrandeció hasta hacerse muy poderoso. – *Génesis 26:12-13*

Dimensión #1 - Cosechar

La primera dimensión fue cosechar. Sembró semilla y cosechó al ciento por uno ese mismo año. ¡Nosotros hemos visto que esto sucede una tras otra vez! Siempre sembrarás de lo que has sembrado. Como mencionamos anteriormente, tu incremento viene por medio de sembrar.

Recuerdo dos veces significativas en nuestras vidas cuando una sola semilla provocó un cambio dimensional para nosotros tan significante el mismo año que la semilla financiera se sembró. En

65

una de estas ocasiones, mi esposo y yo estábamos en una lucha en cuanto a la provisión. El Señor nos había llevado a una temporada de aprendizaje a vivir por fe sin medios visibles de sostén financiero. Nos daba gozo obedecer su llamado, pero fue un tiempo extremadamente desafiante para nosotros, y duró cinco años. Al acercarse ya el final de esa temporada, yo estaba llorando delante del Señor, pidiéndole sabiduría e instrucción. Él me instruyó a sembrar una semilla con fe para la victoria financiera. La semilla era todo lo que teníamos en el banco que era muy poco en lo natural – creo que era menos de $20.00 dólares (si bien recuerdo), pero para nosotros era una semilla muy grande. Lloré sobre el cheque; en fe desesperada escribí dicho cheque e incluí una nota con una petición de oración. Dentro de dos semanas después de enviar el cheque a ese ministerio, la lucha de esos cinco años sobre nuestras finanzas por fin se terminó, y nunca más hemos enfrentado ese nivel de guerra sobre nuestras economía.

Aunque de continuo pudimos testificar cómo constantemente cosechamos de semilla sembrada, años después tuvimos otra victoria significativa.

Durante una reunión de adoración, el Señor me dirigió a donar $1,000 en la ofrenda. Me hizo recordar la historia de cómo la semilla de Isaac dio al cien por uno en el mismo año. Algunos comentarios dicen que "al cien por uno" significa que es multiplicado cien veces (1,000 x 100) y otros dicen que es doblado cien veces (1,000 doblado es 2,000, doblado es 4,000, doblado es 8,000, etc.). De cualquier manera, ¡es gran incremento! Durante este tiempo, nuestro ministerio necesitaba $100,000 para completar una asignación ministerial. Sembré la semilla, creyendo en el incremento al cien por uno, y en menos de tres semanas, esa necesidad por $100,000 se suplió. Pero la semilla siguió produciendo.

Más y más ingresos entraron no solo al ministerio sino también a nuestras vidas personales. Mi esposo y yo estábamos esperando recibir el producto de una inversión de $200,000. Se había detenido por varios meses. A la misma vez que se suplió la necesidad de $100,000 para el ministerio, llegó el dinero de la inversión personal y luego llegó otra oportunidad para invertir que trajo gran incremento en los siguientes meses. Oh, ¡el poder de una semilla!

Dimensión #2 – Bendecido

No solo cosechó Isaac al cien por uno de la semilla que había sembrado, también fue bendecido. Encontrarás que cuando siembras semilla, no solo cosecharás de esa semilla, sino que también abrirá para ti una dimensión de bendición en otras áreas de tu vida también. Anteriormente di el ejemplo de cómo nos llegó nuestra inversión personal después de sembrar en fe una semilla para que la necesidad de nuestro ministerio se supliera. De hecho, la necesidad del ministerio fue suplida en abundancia, pero nuestras vidas también fueron bendecidas en el área de inversiones personales.

La semilla sembrada te lleva a mayor bendición en tu vida. Dios causa que Sus benefactores sigan aumentando en bendición para que puedan ser mayores bendiciones. Cuando siembras, estás colocando tu vida en una posición para que sea bendecida más allá de la medida.

En una ocasión estábamos en una reunión y cierta persona compartió que no tenía suficiente dinero para pagar la renta de su casa. Le pregunté cuánto era su renta y le escribí un cheque para cubrirla. Dentro de dos meses, adquirí una propiedad de renta que trajo bendiciones constantes a nuestras vidas. ¡La semilla produce bendición!

Dimensión #3 – Enriquecido

La dimensión de enriquecerse tiene que ver con tu propia abundancia. Dios quiere que Su pueblo sea rico, pero no de acuerdo con las normas del mundo. La perspectiva del mundo sobre ser "rico" está distorsionada – está basada en el sistema monetario. El problema con ese sistema es que es muy inestable. Sube un mes y baja el siguiente. Es un sistema que alimenta los deseos de la carne y nunca satisface – nunca hay suficiente. Cuando verdaderamente eres rico en Dios, tienes más que suficiente, y estás plenamente satisfecho. Comienza con saber y creer que DIOS+NADA=TODO LO QUE NECESITAS. En los campos misioneros donde servíamos, con frecuencia vivíamos en viviendas muy humildes y no teníamos una reserva de dinero en el banco; sin embargo, éramos muy ricos. Teníamos más de lo que necesitábamos cada día en cuanto a techo, alimento, ropa, y especialmente en cuanto a unción. Cada día traíamos almas a los pies de Cristo, veíamos a los enfermos ser sanados y a los endemoniados y oprimidos ser liberados. ¡Éramos ricos!

Ser ricos es diferente a ser bendecidos. Por ejemplo, te puedo bendecir con un cheque de mil dólares. Pero ese cheque no te hace rico a menos que lo uses para sostener una dimensión de abundancia en tu vida. Ser rico es vivir en una dimensión constante de abundancia personal.

Isaac se hizo rico por la semilla que plantó. Y luego se volvió más rico por la semilla que obtuvo. Siguió produciendo una dimensión de abundancia para él. Él tenía todo lo que necesitaba y más. ¡Era rico!

Dimensión #4 – ENGRANDECIDO HASTA LLEGAR A SER PODEROSO (PUDIENTE)

Engrandecer es la meta. Otra palabra sería ser pudientes. Tiene que ver con tu influencia. Si eres rico, en lo personal eres bendecido con una dimensión de abundancia, pero cuando llegas a ser pudiente, estás influyendo en el mundo que vives con tus riquezas. Nuevamente quiero hacer hincapié en que no es según la perspectiva y el sistema mundial.

Por ejemplo, yo soy muy rica y a la vez he experimentado engrandecimiento, pero no tiene nada que ver con el dinero que tengo en el banco o los activos materiales que poseo, aunque soy bendecida en esas áreas. Soy muy rica porque tengo más de lo que necesito. Mi esposo y yo hemos escogido vivir humildemente a fin de vivir de manera simplificada y ser libres para permanecer enfocados en las asignaciones del Reino. Por ejemplo, vivimos en una casa hermosa pero pequeña, manejamos carros decentes pero no lujosos, usamos ropa cómoda y comemos bien. No tenemos deudas y tenemos más que suficiente cada día.

Influimos en el mundo con el avance del Reino por medio de nuestras ofrendas financieras y por medio de nuestras unciones en el ministerio, dones y talentos cada día. Como resultado, somos muy pudientes.

Deuteronomio 8:18 dice que Dios nos da el poder para hacer riquezas a fin de confirmar Su pacto. Su pacto es el evangelio – las buenas nuevas de la salvación, sanidad, libertad, paz y prosperidad por medio de Cristo.

La semilla de Isaac creó una dimensión de engrandecimiento y poder para él. Tu semilla hará lo mismo si lo crees. Dios quiere que coseches lo que has sembrado, que vivas en una dimensión de bendición, que seas rico hasta que seas extremadamente pudiente, influyendo en el mundo con Su bondad y Sus riquezas. Los benefactores de Dios viven en estas cuatro dimensiones porque continuamente están plantando semillas. Tu dimensión de benefactor crecerá entre más bendigas intencionalmente.

SABIDURÍA

Cuando la sabiduría entrare en tu corazón, Y la ciencia fuere grata a tu alma, La discreción te guardará; Te preservará la inteligencia. – *Proverbios 2:10-11*

Los benefactores necesitan sabiduría para saber dónde sembrar su semilla y cuál necesidad específica necesitan suplir. Es importante hacer todo en oración y ser buenos mayordomos de lo que se te ha confiado. Las siguientes áreas necesitan ser consideradas cuando evalúas dónde sembrar.

QUIÉN

Cuando las personas llegan a enterarse de que eres un benefactor, las personas y los ministerios con necesidades empiezan a aparecer de muchas partes para pedir ayuda. Es importante que sepas quiénes son las personas que Dios te está dirigiendo a bendecir. No es siempre sabio dar a toda persona que te pide. Necesitas ser guiado por el Espíritu porque Él es el Dios de toda sabiduría. Él dirigirá cómo bendecir a otros.

Dios tiene benefactores que han sido designados para áreas específicas de necesidad. Algunos tienen pasión por apoyar situaciones que tienen que ver con la justicia humana; otros sienten apoyar el evangelismo, la plantación de iglesias y discipulado; otros, ayudar a comenzar negocios, proveer para viudas, huérfanos o posiblemente ayudar en las necesidades personales de individuos. Con frecuencia tendrás una o dos áreas de necesidad donde, en amor, te sientes específicamente atraída a sembrar. Pero, por supuesto, los benefactores por lo general están abiertos a sembrar donde Él dirija.

En cierta ocasión un drogadicto me pidió dinero para pagar su renta y me dijo que me pagaría dentro de tres días cuando le pagaran después de completar un trabajo. Me dijo que si no pagaba la renta ese mismo día, lo iban a echar de su vivienda. Pero me sentí muy inquieta en mi espíritu por parte del Señor. En esa situación en particular, hubiera sido la peor cosa que yo pudiera haber hecho. Él no tenía ninguna intención de pagar la renta; iba a comprar drogas con el dinero. Al darle dinero en esa situación, yo hubiera empoderado sus mentiras, promovido su hábito de drogas, y a la vez hubiera impedido que pagara su renta. Amablemente negué ayudarle, pero la Biblia dice que debemos dar a quienes nos piden. Yo sí tenía algo que darle, y en este caso era oración y sabiduría para su vida. Oré por él y amorosamente traté de convencerle de que consiguiera ayuda para su adicción. Eso es algo en lo cual yo hubiera estado muy contenta de ayudarle. A él no le agradó mi respuesta, así que se fue para buscar alguien más quien le daría el dinero que necesitaba para sus drogas.

En una situación diferente, fui dirigida por el Espíritu temprano una mañana. Estábamos involucrados en una actividad de alcance en un barrio céntrico de cierta ciudad y el Espíritu me impulsó a llevar algo de dinero conmigo y caminar por las calles con Jesús. Las calles en estos barrios están muy quietas por las mañanas, y me di cuenta de una joven, una prostituta de la calle, que parecía estar caminando sin rumbo en la esquina en frente de mí. Era obvio que estaba necesitando droga. Sentí al Espíritu Santo guiarme a acercarme a ella así que crucé la calle. Mientras me dirigía hacia ella, sentí al Espíritu Santo instruirme: "Dale $20 dólares. Quiero que ella tenga un día más fácil hoy". (En aquel entonces, los $20.00 eran lo suficiente para comprarle la heroína que estaba necesitando). Al acercarme me di cuenta de que ella en verdad estaba en muy mal estado. No solo se veía agitada debido a su necesidad de droga, sino que se veía muy descompuesta y era evidente que alguien la había golpeado. Su rostro estaba hinchado y sangriento, y su ropa estaba manchada y rota.

Le dije, "Parece que has tenido muy mala noche". Me contestó abruptamente, "No sabes ni la mitad, Señora", echándome humo a la cara del cigarro que estaba fumando.

Con compasión, saqué un billete de $20 de mi bolsa y le expliqué, "Dios te ama y quiere que tengas un día más fácil hoy". Me miró en shock. "¿Qué? ¿Qué quieres que yo haga por esta cantidad?"

"Nada," le repliqué.

"Te das cuenta de quién soy?" me preguntó. "Soy drogadicta. ¿Sabes qué voy a hacer con este billete? ¡Ja! ¿Querrá tu Dios que yo haga eso?"

Repetí, "Él te ama y quiere que tengas un día más fácil".

Se quedó callada por un momento, todavía en shock, y luego dijo, "Ey; ¿eres una de esas que dicen ser nacidos de nuevos?" Sonreí y le contesté, "Sí, de hecho lo soy".

Me explicó que su hermano la había llamado la semana anterior para compartirle que él había nacido de nuevo y que ella también debía hacerlo.

Le sugerí que la razón por la cual Dios me había enviado a ella era porque su hermano estaba orando por ella y que yo era una respuesta a su oración.

Me contestó, "Pues no sé si eso sea, pero gracias por los $20". Los tomó de mi mano y se echó a correr hacia el edificio que había en la calle de enfrente.

Varias personas han condenado mi acción de darle los $20 a sabiendas de que probablemente los usó para comprar drogas. Comprendo su razonamiento, pero cuando el Espíritu Santo dirige a hacer algo, hay razones más profundas de lo que nuestras mentes captan. Si yo no le hubiera dado esos veinte dólares, posiblemente el próximo "cliente" que ella hubiera conseguido para suplir su necesidad la hubiera matado ... no sabemos. Lo que yo sí sé es que me sentí impulsada por amor y por la dirección del Espíritu Santo.

Algunos meses después, regresé a ese barrio. Habíamos establecido algunas casetas para la interpretación de sueños y estábamos ofreciendo "palabras acerca de tu destino" a quienes se detenían en las casetas.

Una mujer vino corriendo hacia mí y gritó, "¡Te conozco! ¿Te acuerdas de mí?" Se veía un tanto familiar, pero no la podía recordar bien. Me dijo, "¡Yo nunca me olvidaré de ti! El verano pasado muy temprano por la mañana me regalaste un billete de $20.00! Ahora yo también nací de nuevo y estoy en un programa de ayuda con mi adicción. ¡Esa mañana cambió mi vida!" Me dio un gran abrazo. Pasamos un tiempo de oración y conversación y luego se fue, con una gran sonrisa en su rostro.

Ambas situaciones mencionadas tuvieron que ver con drogadictos que necesitaban droga. El Espíritu

Santo me dijo no en cuanto a suplir la necesidad de uno de ellos, mas indicó que supliera la necesidad de esta última. Él es el Dios de toda sabiduría y conoce las necesidades de cada persona.

POR QUÉ

Otro elemento de sabiduría es saber POR QUÉ has de suplir una necesidad. ¿Cuál es el propósito de la bendición? En la situación de la joven en la calle, era porque Dios le quería demostrar Su amor por ella. Ese propósito se cumplió en el momento que conversamos, pero también fue catalizador para que ella llegara a entregar su vida a Cristo.

Hace algunos años, nuestro ministerio invirtió una gran cantidad de atención y finanzas en esfuerzos contra el tráfico humano en Camboya. Estábamos enfocados en los siguientes propósitos principalmente detrás de dichos esfuerzos:

1. Rescatar a jóvenes y niños de ser traficados.

2. Atacar la pobreza inherente por medio de crear negocios y oportunidades de empleo.

Con estos claros propósitos, y conociendo a QUIENES estábamos alcanzando, procedimos a establecer un centro de alcance y cultivar relaciones con líderes de gobierno, trabajadores sociales, y ministros a fin de tratar con la situación. También nos asociamos con otros para iniciar varios negocios, (incluyendo una cafetería, sillas de masaje y salón para uñas, sala de belleza, servicios de limpieza, joyería y accesorios).

Por medio de la infusión de fondos para proyectos específicos, pudimos hacer una diferencia. La esperanza entró a la comunidad, se trató con el tráfico de sexo, labor y aun órganos vitales, y muchos entonces pudieron sostener a sus familias con empleos dignos. Era maravilloso ver a Dios obrar.

No es sabio distribuir bendiciones sin un propósito. El cumplimiento de propósitos llega a ser un gran motivador para crecer como benefactor. Dios tuvo un propósito muy clara al enviar a Su Hijo como un regalo a la humanidad.

CÓMO

Otro punto de sabiduría que se necesita considerar es cómo vas a ministrar la bendición. Nuevamente, necesita someterse al Espíritu Santo.

Cuando he ayudado a personas a salir de deudas, en ocasiones les he pagado toda su deuda como un regalo. Otras veces, he pedido que ellos paguen primero la mitad, mostrándome el comprobante del pago, y luego les he bendecido al pagar la otra mitad. Y otras más, les he prestado el dinero sin intereses y les he ayudado a establecer un plan de pagos.

Al proveer los fondos para cruzadas, ha habido varias ocasiones cuando he sentido la dirección del Espíritu Santo de pagar por todo el presupuesto y en otras ocasiones he sentido pagar una porción. "Cuánto" bendecir es tan importante como el "cómo".

Los benefactores no solo usan el dinero para bendecir a otros, sino que usan otros regalos, dones, recursos y habilidades que pueden tener disponibles. En ocasiones me he sentido dirigida a usar mis páginas de medios sociales y mi lista de direcciones de correos para promover su causa. He donado camiones enteros de libros a prisioneros. Con frecuencia he participado y servido en eventos pero no he aceptado el honorario y/o pago por los demás gastos con el fin de bendecir al anfitrión del evento. En ocasiones hemos bendecido con despensas, gasolina, un auto y reparaciones de una casa por nombrar solo algunos.

Hay muchas maneras de implementar la unción de benefactor. ¿Cómo te está dirigiendo el Espíritu Santo a ti? Él siempre te dirigirá con sabiduría.

REVISIÓN

Siempre es bueno dar seguimiento después de que sembraste en una necesidad, con el fin de revisar y evaluar el fruto. Así es como aprendes y adquieres entendimiento. Algunas veces se puede hacer una revisión poco tiempo después de dar y en otras ocasiones tarda más tiempo – aun años.

En el ejemplo que di acerca de actos de benevolencia en Camboya, aprendimos algunas lecciones valiosas al revisar – lecciones duras pero valiosas. Definitivamente necesitábamos tener discernimiento en cuanto a las motivaciones de algunas de las personas con quienes habíamos estado colaborando.

Lo que ves por fuera no siempre es lo que realmente sucede internamente. Fue doloroso, pero crecimos por medio de algunos de los errores que cometimos. También vimos lo que Dios hizo en los meses y años venideros gracias a nuestros esfuerzos. El fruto era medible, y crecimos en mucha sabiduría.

En otra ocasión sembramos en una cruzada donde más de treinta y cinco mil personas se entregaron a Cristo en una área muy cerrada al evangelio. La mayoría de las personas en ese lugar nunca antes habían escuchado el evangelio. Antes de la cruzada solo había una iglesia pequeña en toda la región con solo unos 100 asistentes. Al cabo de un año después de la cruzada la iglesia creció a 4,000 miembros y estableció un centro de entrenamiento apostólico.

Hay personas a quienes mi esposo y yo hemos ayudado a través de los años, no solo invirtiendo en sus sueños y ayudándoles financieramente a salir de la deuda, sino también enseñándoles en cuanto a sus presupuestos y cómo vivir dentro de sus medios. Aunque algunos se han establecido en bendición ya de manera más definitiva, otros han terminado donde empezaron debido a malas elecciones.

En Marcos 4:3-10, Jesús enseñó acerca de las clases de tierra que se necesitan tomar en consideración cuando uno siembra semilla. Explicó que cuando siembras semilla en buena tierra, segarás al 30-60-y 100 por ciento.

Como benefactor, debes considerar el carácter y el potencial de aquellos en quienes estás sembrando. Animo a los creyentes a siempre sembrar en buena tierra. Cuando siembro en un ministerio, busco motivaciones puras, integridad, fe y fidelidad. Si son fieles en lo poco, serán fieles en lo mucho.

La sabiduría está disponible para toda persona que la pide en fe.

Y si alguno de vosotros tiene falta de sabiduría, pídala a Dios, el cual da a todos abundantemente y sin reproche, y le será dada. – *Santiago 1:5*

Los benefactores que Dios está levantando en esta hora estarán llenos de sabiduría.

Bendecido para Bendecir

Fuiste creado para ser bendecido y para ser bendición. Ahora que has leído el libro, tienes una comprensión más completa de lo que Dios está ofreciendo a Su pueblo en esta hora junto con otros dones que puedan poseer. ¿Quieres vivir tu vida para bendecir a otros? Si es así, declara lleno de fe, ¡SOY BENEFACTOR!

Que esta sea una nueva identidad y luego ... ¡ve a vivir el sueño como un benefactor de Dios!

Bendición

Un Decreto[1]

He sido creado para bendición. Como resultado, soy fructífero para toda buena obra y me multiplico e incremento en bendición. Porque Dios me ha bendecido, ninguna maldición me puede tocar. En el nombre de Jesucristo y por el poder de Su sangre, decreto Su Pacto de bendición alrededor de mi vida y todo lo que me pertenece.

Solamente las bendiciones están permitidas en mi vida o esfera de influencia. Si el enemigo intenta atacarme, será atrapado en el acto y pagará siete veces siete lo que haya robado y entonces saquearé su casa, porque solo acepto bendición. Los atentados del enemigo crean testimonios del aumento de bendiciones en mi vida.

---

1 Tomado del libro *Decreta* por Patricia King, (PKE – 2017)

Al igual que Abraham, soy bendecido y he sido llamado a ser de bendición. A través de mi vida en Jesús, las naciones son bendecidas.

Las bendiciones vienen sobre mí y me alcanzan. Las bendiciones son atraídas a mí. Soy un imán de bendiciones. Soy bendito en mi entrar y en mi salir. Soy bendito en la ciudad y en el campo. Los cielos están abiertos sobre mi vida y la lluvia de la bondad abundante de Dios caen sobre mi vida y todo lo que me pertenece. Ninguna cosa buena me ha retenido. Soy bendecido en todo aquello que pongo mi mano a hacer.

Mi casa es bendecida. Mi alimento es bendecido. Mi ropa es bendecida. Mis vehículos son bendecidos. Mis negocios y asuntos de trabajo son bendecidos. Mis hijos, mi familia y todos los que trabajan conmigo son bendecidos. Mis finanzas son bendecidas porque Jesús estableció un pacto de bendición conmigo que es eterno e irrompible.

Soy bendecido con el Reino del cielo y Su recompensa porque reconozco que necesito a Dios en todas las cosas y en todo tiempo. Soy bendecido con consuelo cuando lloro. Soy bendecido con un corazón satisfecho porque tengo hambre y sed de justicia. Soy bendecido con misericordia porque soy misericordioso con otros. Soy bendecido con percepción y visitaciones de Dios porque soy puro en espíritu.

Me llaman hijo(a) de Dios porque soy pacificador. Cuando soy perseguido por causa de la justicia, o cuando las personas me insultan o hablan mentiras acerca de mí, soy bendecido con recompensas celestiales y eternas. Soy bendecido porque escucho la Palabra del Señor y actúo en base a ella. Soy hacedor de la Palabra y no solamente oidor.

Por cuanto amo la sabiduría y la justicia, soy bendecido y mi casa es bendecida. La bendición del Señor me ha enriquecido y no añade tristeza con ello. Porque mi confianza está en el Señor, soy bendecido. Soy bendecido con toda bendición espiritual en lugares celestiales en Cristo. La gracia y la paz me son multiplicadas en el conocimiento de Cristo.

Me ha sido concedido todo lo que pertenece a la vida y a la santidad. Me han sido dadas todas las magníficas promesas en la Palabra de Dios. Siembro abundantemente y por consiguiente cosecho bendiciones abundantes. Siempre busco maneras en que puedo bendecir a otros. El Señor realmente me bendice y ensancha mis esferas de influencia. Su mano de gracia y bendición está conmigo y me protege de peligro. Verdaderamente soy bendecido en todas las cosas porque mi Padre en el cielo ha escogido darme el Reino.

Mi Dios me bendice continuamente y hace resplandecer Su rostro sobre mí. Él me da gracia y paz.

Referencias bíblicas:
Génesis 1:28; 12:2; Deuteronomio 28:1-13; Números 6:22-27; Proverbios 3:13, 33; 6:31; 10:6; 10:22; 16:20; Mateo 5:3-11; Lucas 11:28; 12:32; Efesios 1:3; 2 Pedro 1:2-4; Santiago 1:22; 1 Crónicas 4:10

Acerca de Patricia King

Patricia King es una ministra del evangelio altamente respetada a nivel internacional. Ha servido fielmente al Señor por más de treinta años en diferentes capacidades, como conferencista, profeta, pastora, autora, maestra, y anfitriona de programas de televisión. Ella es fundadora de Patricia King Ministries, Women in Ministries Network – una red que celebra a las mujeres que sirven en cualquier área de ministerio dentro de las siete montañas (esferas) de influencia – y es co-fundadora de XPmedia.com – un sitio de internet que ofrece gran diversidad de videos con mensajes, enseñanzas, palabras proféticas, etc. por parte de ministros y otras voces reconocidas con alcance mundial. Además, ha escrito muchos libros, producido CDs y DVDs, y es anfitriona del programa de televisión "Patricia King— Supernatural Life" (Patricia King—Vida Sobrenatural).

Conexiones:

Sitio web Patricia King: PatriciaKing.com

Facebook: Facebook.com/PatriciaKingPage

Patricia King Institute: PatriciaKingInstitute.com

Women on the Frontlines y Women in Ministry Network: Woflglobal.com

Programa de televisión Patricia King - Vida Sobrenatural y muchos otros videos: XPmedia.com

LIBROS DE PATRICIA KING EN ESPAÑOL

Desenmascarada: La Hechicería en la Iglesia
Una Alerta Profética
Descubre las estrategias del enemigo para atacar a la iglesia. Sobre todo, aprende de la autoridad y el poder que Dios nos ha dado sobre las obras del enemigo y las armas poderosas que nos ha dado para vencerlo.

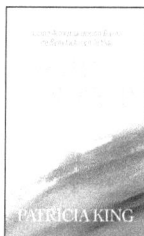

Bendecido para Bendecir
Activa la Unción Divina de Benefactor en Tu Vida
Principios sólidos para experimentar bendición en tu propia vida en mayor medida y luego apropiarte de tu llamado a ser benefactor para bendecir a otros.

La Esposa Se Prepara
Preparándonos para el Regreso del Señor
Nuestro Padre Celestial ha escogido a una esposa muy especial para Su Hijo amado – ¡tú! Descubre cómo prepararte.

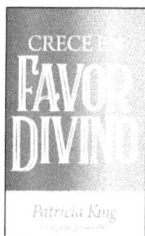

Crece en Favor Divino
¡Toma un Giro hacia el Éxito y la Bendición!
Enseñanza poderosa en cuanto a cómo puedes caminar en la plenitud del favor que Dios quiere para ti.

Crea Tu Mundo
Activa el poder que Dios ha dado para crear esferas y atmósferas.
Descubre los 12 poderes que Dios te h dado para crear un mundo asombroso para ti –lleno de propósito, bendición y satisfacción.

Libros de Patricia King en Español

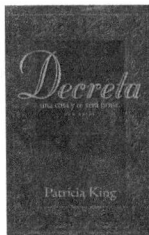

Decreta – *una cosa y será establecida.*
Decretos basados en la Biblia sobre favor, salud, prosperidad, victoria, ministerio, sabiduría, familia, y muchos más.

7 Decretos para 7 Días
Decretos diarios en las áreas de Dios, sabiduría, bendición, favor, protección, salud, y provisión financiera

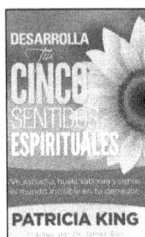

Desarrolla Tus Cinco Sentidos Espirituales – Ve, escucha, huele, saborea y siente el mundo invisible en tu derredor

La Unción de Reabastecimiento
Revelación y claves para vivir en aumento sobrenatural

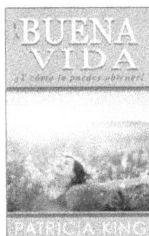

La Buena Vida – Claves para vivir la vida plena, próspera, y llena de propósito para la cual fuiste creado.

Sueñe en Grande
Cómo la segunda mitad de la vida puede ser la mejor

La Revolución Espiritual
Visitaciones angelicales, sueños proféticos, visiones y milagros

La Luz Pertenece a las Tinieblas
Encuentre su lugar en la cosecha divina en el final de los tiempos

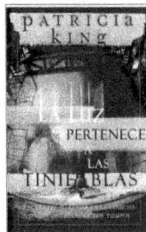

Consiga este libro y todos los libros
en español de Patricia King en:

Amazon.com

Sus libros en inglés se encuentran en
Amazon.com y Patriciaking.com

Este libro es publicación de

Patricia King Enterprises (PKE)

www.ingramcontent.com/pod-product-compliance
Lightning Source LLC
Chambersburg PA
CBHW060344050426
42449CB00011B/2827